Kwon

Kwong Kuen Shan, née à Hong Kong, est une peintre et écrivain chinoise. Elle est l'auteur du *Chat philosophe* (L'Archipel, 2008 ; Pocket, 2012) et du *Chat zen* (L'Archipel, 2010 ; Pocket, 2011). Elle vit actuellement au Pays de Galles.

Retrouvez l'actualité de Kwong Kuen Shan sur http://kwongkuenshan.net/

To Arielle

With much love from

Carolyn and Mary

xx

DU MÊME AUTEUR
CHEZ POCKET

LE CHAT ZEN
LE CHAT PHILOSOPHE

KWONG KUEN SHAN

LE CHAT ZEN

traduit de l'anglais par *Alain Sainte-Marie*

l'Archipel

Titre original :
The Cat and the Tao
par William Heinemann, Royaume-Uni, 2002.

MIXTE
Papier issu de sources responsables
FSC® C003309

Pocket, une marque d'Univers Poche, est un éditeur qui s'engage pour la préservation de son environnement et qui utilise du papier fabriqué à partir de bois provenant de forêts gérées de manière responsable.

ISBN : 978-2-266-22196-2

À mon vieux chat Healey qui m'a guérie
de ma phobie des chats,
à mon jeune chat Joseph qui perpétue ses bons offices
et à mon mari Christopher, sans le soutien
et l'infinie patience duquel ce livre ne serait pas.

Introduction

J'avais la phobie des chats. Jusqu'à il y a six ans, je n'avais jamais eu de chat. C'est mon premier chat qui m'a adoptée. Healey était le chat de mes anciens voisins. Ils avaient déménagé en emportant tous leurs chats avec eux. Healey revint à quatre reprises sur le territoire qui l'avait vu naître et où il avait été élevé. La quatrième fois, mon mari et moi nous sommes sentis obligés de le garder pour des raisons humanitaires.

Pendant un an, il vécut dehors où nous le nourrissions par tous les temps. Je ne pouvais me résoudre à le toucher, encore moins à le laisser entrer dans notre maison. J'avais conscience que cette peur était irrationnelle, mais j'étais tétanisée chaque fois qu'il s'approchait de moi. Il fit changer tout cela, tranquillement, avec patience. Depuis, j'ai eu plusieurs chats.

À l'époque, je travaillais sur un nouveau projet pictural et il manquait quelque chose à ce programme. Un jour que je jardinais, je vis Healey se chauffer au soleil, quelque part entre le bouddha de pierre qui nous sert de nain de jardin et moi. Il s'enroula autour du bouddha, l'air détendu et heureux. Je venais de trouver comment combler ce manque.

Ce qui, en cet instant, me semblait être une excellente idée me fit ensuite prendre un virage initiatique abrupt. Je n'avais aucune connaissance des chats et je n'en avais jamais peint auparavant. Une extraordinaire aventure commençait pour moi. Je me mis à observer des chats et à les étudier, d'abord mes propres chats : Healey, Rocco et Joseph, puis les chats d'autres personnes, des chats errants... J'étais sous le charme absolu de leur élégance, de leur agilité, de leur endurance et, par-dessus tout, de leur indépendance et de leur force de caractère. Je voulais saisir tout cela dans la seule forme d'art que je connaisse : l'art de la Chine. Il me fallut deux ans pour disposer d'assez d'esquisses comme base de travail. Je me trouve aujourd'hui à la tête d'un album en perpétuelle expansion. Ce sont des tableaux de style chinois exécutés avec les outils, les matériaux, la technique et les conceptions de l'art chinois. Ces peintures ont fait l'objet de plusieurs expositions.

Les peintures présentées dans ce livre ont été peintes avec un mélange de technique méticuleuse et de technique libre. La méthode méticuleuse suppose un croquis détaillé et une composition recherchée, tandis que la manière libre procède par coups de pinceau faussement simples, et mesurés, afin de saisir le caractère et l'esprit du sujet, sans se soucier du détail.

Ma compréhension des chats ne cesse de s'étendre, tandis que grandit l'affection que je leur porte. Je voulais faire quelque chose de plus pour ces adorables créatures qui partagent notre vie. Je voulais témoigner auprès d'autres personnes de ma reconnaissance envers eux, afin de leur faire partager ma vision des chats. Je voulais ajouter une dimension supplémentaire à mon album de chats, et, pour ce faire, j'ai puisé dans mes connaissances en matière de littérature chinoise.

9

Le Chat zen

Enfant, j'ai étudié la littérature classique chinoise, l'histoire et la calligraphie à Hong Kong où j'ai grandi. Cette relation se perpétue. Pendant que mon mari lit des livres en anglais, je lis ma collection de livres chinois, anciens et nouveaux : l'enseignement de Confucius, les *300 poèmes des Tang, Le Rêve dans le pavillon rouge*, de Cao Xueqin, *L'Art de la guerre* de Sun Zi, la littérature chinoise contemporaine et des ouvrages sur le zen. De nombreuses maximes de sagesse issues des classiques ne demandent qu'à être associées à une peinture, à illustrer et à être illustrées, à répandre leur lumière et à être une source d'inspiration. Je me suis énormément plu à rechercher le passage qui correspondait le mieux à chaque image, puis à le traduire.

Il existe quantité de livres sur les chats. Aussi me suis-je efforcée d'en créer un qui soit d'un genre différent. Mes peintures devaient les représenter en pleine action, au repos, détachés ou cruels, philosophes ou simplement eux-mêmes, quoique jamais humbles ! Je rêvais d'associer le caractère félin avec la sagesse grâce à un enseignement et à une philosophie orientale appropriée, telle que le taoïsme, afin de signaler la Voie qui apporte certaines réponses à la quête humaine de sérénité, loin du stress de la vie quotidienne.

Lorsque l'on parle du zen, l'on pense fréquemment que son origine est à la fois japonaise et bouddhiste. La vérité est tout autre car le zen est originaire de la Chine, a puisé ses bases dans le Tao Chia (philosophie taoïste) et dans le bouddhisme.

Le zen n'est arrivé au Japon que plusieurs siècles après. J'emploie ici le mot zen au sens large de chemin de sagesse et d'inspiration. Cela signifie l'orientation d'un itinéraire complet, l'observation des lois de la nature et la vie en harmonie avec les autres êtres vivants.

Les textes présentés dans ce livre sont un choix d'anciens proverbes chinois, de poèmes et de maximes des grands maîtres : Confucius, Lao Tseu, Zhuangzi et Sun Zi. Pendant des siècles, leur enseignement a joué un rôle prépondérant dans l'élaboration de la pensée chinoise. Ils nous ont légué des jalons pour la conduite de l'existence, accessibles à n'importe qui en toute circonstance. Dans le présent recueil, le choix des citations repose sur la façon dont elles entrent en résonance avec les peintures et sur mon goût personnel. Elles sont toutes traduites du chinois. L'antique littérature chinoise est très concise, très dépouillée et dit beaucoup de choses en peu de mots. Il n'existe pas de version définitive. Je me suis efforcée de restituer l'intuition, l'exactitude et la substance des textes originaux. J'espère être parvenue à vous faire partager le sens et la sagesse qu'ils contiennent.

Je souhaite que ce livre vous plaise ; et s'il était pour vous une source d'inspiration, alors ce serait encore mieux.

K. K. S., 2002

Connaître, c'est discerner ce que l'on comprend
et ce que l'on ne comprend pas.

Confucius

L'INEXPRIMÉ

Sceau rectangulaire : *La Voie* | Sceau ovale : Le Ciel et la Terre | Sceau carré : Kwong Kuen Shan

Il arrive, ces temps-ci, des événements étranges
  dans le monde :
On dit ceci et on dit cela.
Rien ne sert de discuter.
Mieux vaut faire un petit somme.

Anonyme

RÊVES PRINTANIERS

Caractères chinois : « Par une belle journée comme celle-ci, nous devrions chanter et boire du vin. »
Sceau ovale : Ma peinture | Sceau rectangulaire : La Voie
Sceau circulaire : Dynasties des Han et des Tang | Sceau carré : Kuen Shan

白日放歌須縱酒

Un homme doté de beaucoup de caractère et de force
ne peut être brûlé par le feu
ni noyé par l'eau,
le plus rude des climats ne l'atteint pas,
les bêtes sauvages ne peuvent déchirer ses chairs,
non pas parce qu'il est invincible,
mais parce qu'il distingue la sécurité du danger.
Il est calme et décidé,
même lorsqu'il fait face à de grands périls.
Il sait quand il peut aller de l'avant
et quand il doit faire marche arrière.
Rien ne peut ébranler un tel homme.

Zhuangzi

LE CHAT ET LE KUNG-FU

Sceau rectangulaire : La Voie | Petit sceau carré : Bénédiction | Grand sceau carré : Kuen Shan

N'épuise pas la gentillesse et la loyauté de l'ami.
De cette façon l'amitié est préservée.

Proverbe chinois

MONTY ET MITSOU

Sceau : Kwong Kuen Shan

Il existe sept façons de savoir comment est une personne :
Posez-lui une question difficile,
 et observez sa faculté d'analyse.
Prononcez une parole provocante, et voyez sa réaction.
Demandez-lui comment elle s'y prend pour résoudre
 des problèmes épineux, et jugez de son intelligence.
Laissez-la se débrouiller d'une situation délicate,
 et observez son courage.
Faites-la boire, et observez son naturel.
Tentez-la avec de l'or, et observez son intégrité.
Indiquez-lui comment s'acquitter d'une tâche,
 et assurez-vous de sa fiabilité.

Sun Zi, *L'Art de la guerre*

SAFRAN

Sceau : Kwong Kuen Shan

Saisis l'opportunité lorsqu'elle se présente,
Une fois manquée, elle est peut-être perdue pour toujours.

Feng Menglong

JOSEPH

Sceau circulaire : La vision pénétrante | Sceau ovale : Le Ciel et la Terre

Savoir ce qu'il se passe requiert du jugement ;
Savoir agir en conséquence requiert de la sagesse.

Proverbe chinois

SUR LA FENÊTRE

Sceau circulaire : La vision pénétrante | Sceau rectangulaire : La Voie

道
悟

Jour après jour, il sait ce qui fait défaut
Mois après mois, il n'oublie pas ce qu'il a appris
Voici une personne véritablement inspirée
par la connaissance.

Confucius

L'ATELIER

Sceau rectangulaire : La Voie | *Sceau carré : Kwong Kuen Shan*

Je méprise ceux qui colportent les défauts des autres,
les subalternes qui médisent de leurs supérieurs,
les braves qui n'ont pas de manières,
ceux qui sont décidés mais manquent d'égards.

Confucius

UNE BRANCHE DE MAGNOLIA

Caractères chinois : « Ce n'est pas moi. » | Sceau ovale : Ma peinture | Sceau rectangulaire : La Voie
Petit sceau carré : Bénédiction | Grand sceau carré : Kuen Shan

不是我

Je ne maltraite pas les faibles ni ne crains les puissants.

Zuo Quining

JOSEPH ET LES POISSONS

Sceau rectangulaire : La Voie | Sceau ovale : Le Ciel et la Terre

Les oreilles et les yeux ne sont pas faits pour penser
et se laissent facilement affecter par les influences extérieures
L'esprit pense et, s'il pense, accède à la vérité.

CONFUCIUS

SÉRÉNADE D'AUTOMNE

Sceau : Kwong Kuen Shan

Qui parle bien parle peu.

MENCIUS

LES YEUX BLEUS

Sceau : La vision pénétrante

L'excès de courtoisie est assommant,
L'excès de prudence rend craintif,
L'excès de bravoure rend téméraire,
La franchise sans égard est offensante.

CONFUCIUS

HEALEY

Caractères chinois : « Égaré dans un nuage bas. » | Sceau circulaire : Dynasties des Han et des Tang
Sceau ovale : Ma peinture | Petit sceau carré : Reflet de la lune dans l'eau | Grand sceau carré : Kuen Shan
Motif de poterie de la dynastie Qing

Ne fais pas de l'échec une affaire personnelle,
Ne laisse pas paraître ta victoire sur ton visage.

GAO BOGONG

BIJOU

Sceau : Kwong Kuen Shan

Trois sortes d'amitié sont profitables :
l'amitié des honnêtes gens, des gens sincères et des gens avisés.
Trois sortes d'amitié sont dommageables :
l'amitié des flatteurs, des hypocrites et des discutailleurs.

CONFUCIUS

LES BONS COMPAGNONS

Caractères chinois : « Les bons compagnons. » | Sceau ovale : Ma peinture
Petit sceau circulaire : La vision pénétrante | Grand sceau circulaire : Une heureuse rencontre
Sceau carré : Kuen Shan

好伴
緣

Les routes les plus accidentées ne sont pas
celles qui traversent les fleuves et les montagnes,
mais celles qui sont dans le cœur des hommes.

BAI JUYI

L'APPEL DU FOYER

Sceau circulaire : La vision pénétrante | *Sceau carré : Kwong Kuen Shan*

Le sage veille tout particulièrement sur neuf domaines :
Il voit clairement ; il entend distinctement ;
Il parle avec sincérité ; son maintien est gracieux ;
Ses façons sont courtoises ; il travaille en vue de gagner le respect ;
Dans le doute, il s'informe ;
En colère, il pense aux conséquences négatives de sa colère ;
Lorsque la possibilité d'un gain se présente à lui, il réfléchit à sa moralité et à son intégrité.

CONFUCIUS

FACE À FACE

Caractères chinois : « Notre vraie nature. » | Sceau rectangulaire : La Voie | Petit sceau circulaire : La vision pénétrante
Grand sceau circulaire : Une heureuse rencontre | Sceau carré : Kuen Shan
Motif de poterie de la dynastie Ming

廬山真面目

L'ami qui te connaît vraiment est toujours à tes côtés.

PROVERBE CHINOIS

LES DEUX FRÈRES

Caractères chinois : « Les frères. » | Sceau ovale : Ma peinture | Sceau carré : Kwong Kuen Shan

兄弟

Seuls ceux qui sont très savants et ceux qui sont très ignorants ne changent pas d'avis.

CONFUCIUS

LA MANGEOIRE À OISEAUX

Sceau rectangulaire : La Voie | Sceau carré : Kwong Kuen Shan

Le sage échoue rarement, car il anticipe les difficultés.

FENG MENGLONG

HOMÈRE

Sceau : « J'ai fait tout cela, ce n'est plus à faire. »

L'utilité de la sagesse réside dans son juste emploi.
Un sage pourra échouer à force d'hésitation,
tandis qu'un insensé réussira en agissant
correctement une seule fois au moment opportun.

FENG MENGLONG

TCHING TCHING

Caractères chinois : « Je suis un séducteur. » | Sceau : Kuen Shan

迷人

Les gens se mettent en colère, moi pas.
La colère rend malade, la colère peut tuer,
la colère est un gâchis d'énergie, la colère sacrifie la paix.

Anonyme

LE ZEN

Caractères chinois : « Quelle journée extraordinaire ! » | *Sceau : Le Ciel et la Terre*

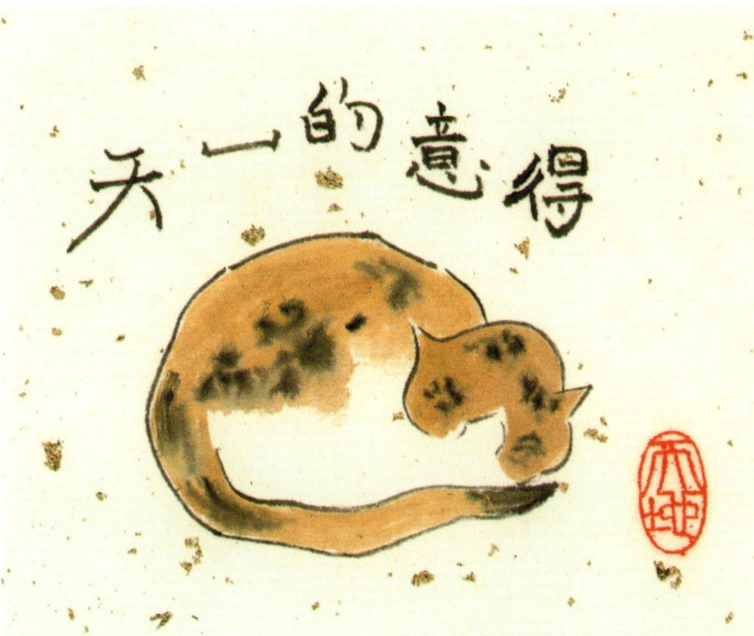
得意的一天

Ceux qui ne se lanceront pas dans tout accompliront quelque chose.

MENCIUS

LA PREMIÈRE PROIE

Sceau : Kwong Kuen Shan

Je méprise ceux qui se croient intelligents
parce qu'ils s'emparent des idées des autres.
Je méprise ceux qui se vantent d'être courageux.
Je n'ai aucune estime pour ceux qui se croient honnêtes
et révèlent les secrets des autres.

ZI GONG

LE DISCIPLE

Caractères chinois : « Les petites choses de la vie. » | Sceau ovale : Ma peinture
Sceau carré (gauche) : La méditation | Petit sceau carré : Reflet de la lune dans l'eau
Sceau carré (droit) : Kuen Shan

生活小故事
九八年春

Moins on en sait, plus on a confiance en soi.

PROVERBE CHINOIS

LE BONHOMME DE NEIGE

Sceau : La vision pénétrante

Les habitants des fleuves connaissent la vie des poissons,
Les montagnards connaissent le chant des oiseaux.
Les habitants des fleuves vivent du fleuve,
Les montagnards vivent de la montagne.

PROVERBE CHINOIS

SUR LA RIVE

Sceau : Kwong Kuen Shan

Une décision prise promptement souvent triomphe.
L'hésitation est souvent source d'échec.

LU XUOXUN

LOTUS

Sceau : *Kwong Kuen Shan*

Un homme vertueux n'est jamais isolé,
il a de nombreux amis animés des mêmes sentiments que lui.

CONFUCIUS

UNE RÉCOLTE EXCEPTIONNELLE

Sceau rectangulaire : La Voie | *Sceau carré : Kwong Kuen Shan*

Un sage constate ses propres manquements,
Un homme courageux les corrige.

PROVERBE CHINOIS

SENTEURS PRINTANIÈRES

Sceau rectangulaire : La Voie | *Sceau carré : Kwong Kuen Shan*

Trois sortes d'hommes s'attirent des ennuis :
L'ignorant en suivant son propre jugement,
L'entêté en agissant selon sa volonté,
L'homme du présent qui s'efforce de reproduire
le passé sans discrimination.

CONFUCIUS

L'ÉPOUVANTAIL

Sceau circulaire : La vision pénétrante | Sceau rectangulaire : La Voie

L'avantage d'être tout petit :
Comme un brin d'herbe
qui lève les yeux vers les arbres,
Comme un torrent qui regarde vers l'océan,
Comme une lanterne dans la chaumière
qui regarde les étoiles du ciel,
C'est que, étant tout petit,
Je peux voir ce qui est grand.

ANONYME

GRANDIR

Sceau rectangulaire : La Voie | Sceau carré : Kwong Kuen Shan

Les savants du passé étudiaient pour se réaliser ;
Aujourd'hui, les savants étudient pour devenir célèbres.

CONFUCIUS

LE BUREAU

Sceau rectangulaire : La Voie | Petit sceau carré : Bénédiction | Grand sceau carré : Kwong Kuen Shan

Une personne intelligente comprend autrui,
Une personne excellente se comprend elle-même.

Proverbe chinois

GIZMO

Sceau : La vision pénétrante

Nos chances de réussite sont plus grandes
si nous connaissons nos forces
et nos faiblesses, notre place dans la société
et ce que nous valons aux yeux d'autrui.

Feng Menglong

TCHING TCHING ET LA GUÊPE

Sceau rectangulaire : La Voie | *Sceau circulaire : La vision pénétrante*

悟
道

Une personne large d'esprit trouve ses aises même dans un endroit exigu.

Proverbe chinois

LA COUR

Caractères chinois : « Je suis l'artisan de mon propre bonheur. »
Sceau circulaire : La vision pénétrante | Sceau rectangulaire : La Voie | Sceau carré : Kwong Kuen Shan

自得其樂

Cheminant avec deux compagnons,
tous deux seront mes maîtres :
je choisis leurs bons côtés et les imite,
et je m'efforce de corriger en moi
les défauts que j'observe en eux.

CONFUCIUS

LES TROIS AMIS

Sceau circulaire : Le cœur du zen | Sceau ovale : Le Ciel et la Terre | Sceau carré : Kwong Kuen Shan

Se suffire à soi-même, c'est être heureux,
Être sans désir, c'est être sans soucis.

ANONYME

NE PAS DÉRANGER

Caractères chinois : « Les joies du temps libre. » | Sceau ovale : Épouse ta destinée
Petit sceau circulaire : La vision pénétrante | Grand sceau circulaire : Dynasties des Han et des Tang
Sceau carré : Kuen Shan | Motif de poterie de la dynastie Ming

安然樂
九八年春
山居

Ne chéris pas ta robe d'or, je t'en supplie,
Affectionne plutôt ta jeunesse.
Récoltes-en les douces fleurs,
Tandis qu'il en est encore temps.
N'attends pas que les branches soient nues.

POÈME CHINOIS

VELOURS NOIR

Sceau rectangulaire : La Voie | Sceau carré : Kwong Kuen Shan

Le sage exerce sa vigilance
là où personne ne peut le voir : dans son cœur.

Confucius

AH MING

Sceau rectangulaire : La Voie | *Sceau carré : Kwong Kuen Shan*

Afin d'évaluer un homme,

compare ses paroles avec ses actes.

LIU XIANG

BENSON

Sceau circulaire : La vision pénétrante | Sceau ovale : Ma peinture | Sceau carré : Kwong Kuen Shan

UNE COLLECTION DE SCEAUX

La signification des sceaux est la suivante (de gauche à droite et de haut en bas) :

1 Kuen Shan

2 La méditation

3 Kwong Kuen Shan

4 Le Ciel et la Terre

5 Il y a une lumière à côté de mon lit.
Est-ce le gel, cette blancheur sur le sol ?
Je lève les yeux, c'est la lune.
Je m'allonge à nouveau, et songe à mon pays.

POÈME TANG PAR LI PO

6 Ma peinture

7 Une heureuse rencontre

8 Le phœnix

9 Le cœur du zen

靜思
緣
鳳

1 J'ai fait tout cela, ce n'est plus à faire

2 La vision pénétrante

3 Épouse ta destinée

4 La Voie

5 Sujet de la dynastie des Han : Kwong Kuen Shan

6 Bénédiction

7 Kuen Shan

8 Reflet de la lune dans l'eau

9 Dynasties des Han et des Tang

NOTE EXPLICATIVE SUR LES SCEAUX

Les sceaux que l'on rencontre fréquemment dans les peintures chinoises représentent des caractères chinois gravés dans le jade, l'ivoire, la pierre à savon ou le bois. On les enduit par pression d'une pâte de cinabre, puis on les presse à l'endroit voulu sur la toile, afin d'en reproduire l'inscription. Il existe principalement deux types de sceaux. Le premier est le sceau de la signature et porte le nom du peintre ; le second traduit un état d'esprit ou une « période » et comporte une inscription qui reflète l'humeur, l'inspiration ou la philosophie du peintre.

K. K. S., 2002

Composé par Nord Compo
à Villeneuve-d'Ascq (Nord)

Imprimé en France par
Loire Offset Titoulet
à Saint-Etienne dans la Loire
en novembre 2014

POCKET - 12, avenue d'Italie - 75627 Paris Cedex 13

N° d'impression : 2014092768
Dépôt légal : novembre 2011
Suite du premier tirage : novembre 2014
S22196/10